Redaktion: Michael Groenewald
Lektorat Barbara Yelin: Christian Maiwald
Historische Beratung Barbara Yelin: Dor Wertheimer, Universität Tel Aviv
Übersetzung der Texte von David Polonsky aus dem Hebräischen: Antje Eigner
Übersetzung des Textes von Dr. Ofra Rechter aus dem Englischen: Antje Eigner und Ulrich Pröfrock
Korrektur: Wiebke Helmchen
Gestaltung: Barbara Yelin
Herstellung: Klara Groß

Gottschedstr. 4 / Aufgang 1
13357 Berlin

Copyright © 2016 Barbara Yelin, David Polonsky & Reprodukt für die deutsche Ausgabe
VOR ALLEM EINS: DIR SELBST SEI TREU
Text „Mein Leben gehört mir": Copyright © 2016 Dr. Wolf Iro
Text „Der Wunder gibt es viele": Copyright © 2016 Dr. Ofra Rechter
Text „Ich hatte sehr schöne Beine": Copyright © 2016 Anne Linsel
ISBN 978-3-95640-102-2
Druck: BALTO Print, Vilnius, Litauen
Alle deutschen Rechte vorbehalten.
Erste Auflage: September 2016

www.reprodukt.com

„Vor allem eins:
Dir selbst sei treu."

William Shakespeare, Hamlet.
1. Aufzug, 3. Szene.

Für ihre wertvolle Unterstützung danken die Autoren und der Verlag
Antje Eigner, Yael Goldman, Rachel Grünberger, Dr. Wolf Iro, Niv Kaufmann,
Anne Linsel, Christian Maiwald, Uri Ofer, Amnon Rechter, Alma Rechter,
Dr. Ofra Rechter, Nathan Slor und ganz besonders Dor Wertheimer.

Das vorliegende Buch basiert auf der Ausstellung
„Dir selbst sei treu – Graphic Art zu Channa Maron."
Idee und Ausstellungskonzept: **Goethe-Institut Israel**

Anmerkung: Die Autorinnen und Autoren dieses Buchs haben sich entgegen dem in Deutschland gebräuchlicheren „Hanna Maron" für die Schreibweise „Channa Maron" entschieden. Sie folgen damit der von der Namensträgerin selbst bevorzugten Schreibart im Englischen und Deutschen, die den hebräischen Ursprung des Namens (חנה מרון) hervorhebt.

Barbara Yelin | David Polonsky

Die Schauspielerin Channa Maron

WOLF IRO
Leiter des Goethe-Instituts Israel

„Mein Leben gehört mir"
Ein Vorwort

Mehr als vieles andere ist meine Arbeit in Israel mit dem Projekt „Dir selbst sei treu – Graphic Art zu Channa Maron" verbunden. Channa Maron starb zwei Monate nach meiner Ankunft in Israel 2014 – ich hätte sie also theoretisch noch kennenlernen können, doch es sollte nicht so kommen. Stattdessen machte ich kurze Zeit später die Bekanntschaft mit zwei ihrer Kinder, Ofra und Amnon Rechter. Schnell entstand die Idee, eine Ausstellung über Channa Maron zu machen.

Nun sind Ausstellungen über Schauspielerinnen, deren wesentliches Wirken im Theater stattfand, immer eine schwierige Sache. Theater ist eine Kunst der Unmittelbarkeit, und diese Kunst geht bei Aufzeichnungen und auf Texttafeln zumeist verloren. Das ist ungefähr so, als läse man einen Zeitungsbericht über die faszinierende Vorstellung eines Zauberers: Man mag wohl nachvollziehen, was da alles stattgefunden hat, doch der wirkliche Zauber selbst ist unrettbar verloren. Denn er findet nur in dem Moment statt. Hinzu kommt, dass sich solche Ausstellungen in der Regel an diejenigen wenden, die die Person live erlebt haben. Unterdessen schien es uns wichtig, dass gerade jene die Ausstellung sähen, denen Channa Maron eben nicht bekannt war. Es liegt in ihrer spezifischen Biografie begründet, dass das in Israel nur die ganz junge Generation ist, in Deutschland hingegen fast jeder.

Das alles führte uns zu der Idee, einen anderen Ansatz zu wählen. Keine Zeitzeugnisse, keine Fotos, keine Mitschnitte von Inszenierungen oder Interviews. Wir würden auf die Kraft der gezeichneten Bilder setzen, die sehr viel geeigneter erschienen, einem breiteren Publikum eine Ahnung davon zu vermitteln, was die Person Channa Maron ausmachte. Dass es uns gelang, mit Barbara Yelin und David Polonsky zwei der größten Künstler ihres Fachs für das Projekt zu begeistern, war ein besonderer Glücksfall. Wie Barbara sich dabei innerhalb kürzester Zeit mit dem Material vertraut machte und eine solch sensible, ästhetische Lösung fand, ist beeindruckend. Davids Arbeiten entfalten ihre Wirkung gänzlich anders: Da ist der sofortige Zugang, der mitunter vergessen lässt, wie präzise gerade die zweite zeichnerische Ebene gearbeitet ist.

Es ist für mich eine große Freude, dass die Ausstellung jetzt auf Initiative des Verlages Reprodukt auch als Buch erscheint, wohlgemerkt ohne zusätzliche Unterstützung. Michael Groenewald und dem Rest des Teams gilt daher mein besonderer Respekt und meine Dankbarkeit.

Es ist natürlich immer fragwürdig, Persönlichkeiten auf einen zentralen Aspekt zu reduzieren, zu komplex ist doch jeder Mensch. Auch neigt man dazu, im Rückblick einen roten Faden zu sehen, wo in Wahrheit häufig sehr viele, mehr oder weniger rötlich gefärbte Fäden gewesen sein mögen. Und dennoch, ein Charakterzug, der mir bei Channa Maron bemerkenswert und sehr ausgeprägt erscheint, ist der, auf der Selbstbestimmtheit ihres Lebens zu beharren. Also auch im Angesicht widrigster Umstände ihre persönliche, authentische Antwort auf die Verhältnisse zu finden. Sich nicht kleinmachen zu lassen von einem großen Schicksal.

Das, wenn man so will, ist neben der Erinnerung an die Person Channa Maron das zweite Ziel dieses Projekts: die Erinnerung daran, was ein Mensch vermag. Und er vermag viel. Wenn er sich selbst treu bleibt.

Barbara Yelin

Channa Maron
1923-2014

Ach, es ist sehr schwer, wenn man sich an seine Kindheit erinnert.

Das Wunderkind

Bald darauf sind wir geflohen.

Über Hanneles Jahre in Paris ist nicht viel bekannt. Aber sicher ist, dass diese Zeit schwer für sie gewesen sein muss.

Dor Wertheimer
Historiker und Archivar von Channa Marons Nachlass

Bittere Schokolade

Die Mutter Rosa fand schließlich Arbeit in einer Waschstube, und Hannele sammelte von reichen Leuten Wäsche ein.

Doch Rosa hatte ihre Pläne für Hannele nicht aufgegeben.

Sie hatte sich, komme, was wolle, in den Kopf gesetzt, für ihre Tochter in Paris Rollen zu finden, um Hanneles Berliner Erfolge fortzuführen.

Aber dann schrieb der Vater aus Berlin, er habe eine Stelle als Elektriker in Tel Aviv bekommen und könne auswandern.

... wäre es da nicht viel wärmer als hier?

1935, zwei Jahre nach ihrer Ankunft in Paris, verließen Hannele und die Mutter Frankreich, und schifften sich nach Palästina ein.

Amnon Rechter
Channa Marons Sohn,
Architekt

Unsere Mutter Channa erzählte oft davon, wie sie in Palästina ankamen.

Eretz-Israel

Channa besuchte bald das Ben-Yehuda-Gymnasium, und in drei Monaten lernte sie Hebräisch. Endlich konnte sie frei sein! Endlich ein Kind sein!

Doch je unabhängiger und selbstständiger die Tochter wurde, desto vernachlässigter fühlte sich die Mutter. Die Eltern stritten viel. Ihr Vater Itzhak, der für Channa sehr wichtig war, lernte eine andere Frau kennen. Er ließ sich scheiden und zog zu der neuen Familie.

"Mutter, ich glaube nicht..."
"Keine Sorge, er wird sich geehrt fühlen."

Channa blieb mit der Mutter zurück, die im vergangenen Berliner Ruhm ihrer Tochter lebte.

"Herr Tschernikowski, Hannele war ein **großer** Star in Berlin. Ich schlage vor, dass Sie etwas für sie schreiben."
"Mama..."

Doch ihre Versuche, Channa in Tel Aviv Engagements zu verschaffen...

"**Hören Sie**, meine Dame."
"Ich bin ein **Dichter**. Und sicherlich **keiner**, dem man eine Bestellung diktiert."

... schlugen meist fehl.

"Wir werden noch mal beim Habimah fragen."
"**Mutter!** Sie haben uns doch bereits mitgeteilt, dass sie keine Kinder aufnehmen."

Channa jedoch war zufrieden mit ihrer neuen Freiheit. Sie ging zur Schule, und hin und wieder spielte sie kleine Rollen.

Steh doch bitte mal an meiner Stelle
Tag und Nacht, Mensch,
und lass dich mal rufen hören
Bänder, Schnürbänder...

Ende 1935 sang sie das „Schnürsenkel-Lied", das bis heute bekannt ist. Und als sie siebzehn wurde, besuchte sie die Schauspielschule des Habimah.

Ofra Rechter
Channa Marons Tochter, Philosophin

Unsere Mutter erzählte uns oft von ihrer ersten Zeit am großen Habimah-Theater.

Die jüdische Brigade

Der Krieg endete in Europa im Mai 1945.

Mehr als sechs Millionen Juden waren in der Shoah von den Nazis ermordet worden.

"Channa war eine große, eine echte Freundin."

Nathan Stor
Sänger und Musiker.
Er arbeitete mit Channa Maron in ihren späteren Jahren.

Ein Lied der Unabhängigkeit

Tel Aviv, 1946

1946 trat Channa in das Tel Aviver Cameri-Theater ein. Dort lernte sie meinen Großvater, den Dichter Nathan Alterman, kennen.

Damals übersetzte er internationale Stücke in modernes Hebräisch.

Channa war bereits ein aufsteigender Star im neu gegründeten Cameri.

„Diesmal lüge ich nicht."

Das junge Ensemble war beeinflusst von zeitgenössischen Stücken, aber auch immer von der politischen Realität.

„Ich verstecke nichts..."

1948, als Ben-Gurion den Staat Israel proklamierte...

... und der Israelische Unabhängigkeitskrieg begann...

„Alles wird gut werden..."

„Uri wird kommen..."

... gab das Cameri „Er ging in die Felder" von Mosche Schamir, das erste Stück, das in modernem Hebräisch geschrieben wurde.

„... und du wirst sehen..."

„... wie wundervoll es werden wird..."

Ein Meilenstein des israelischen Theaters.

Channa spielte die Hauptrolle, die junge Einwanderin Mika.

„... für uns alle zusammen..."

Alles war in dieser Zeit im Umbruch. Nach den Vorstellungen trafen sich Tel Avivs Künstler, Schriftsteller und Schauspieler im Kassit, man aß, trank, diskutierte, über Poesie und Politik.

„Alle sind schon hier!"

Im Kassit war es auch, wo mein Großvater einen neuen Namen für Channa erdachte. Zu dieser Zeit ersetzten viele Leute ihren bisherigen Namen mit einem hebräischen. „,Maron', das heißt ,Wolke'", sagte er. Schön, nicht wahr?

„Es geht um unsere neue Identität..."

„... die sich nicht an der Vergangenheit, sondern an der Gegenwart festmacht."

Später, um 1960, schrieb Alterman, längst ein Schriftsteller von enormer Reputation, sein erstes Theaterstück: „Gasthaus der Geister".

„Channa! Komm doch einmal herüber."

„Ich hab eine Rolle für dich geschrieben."

„,Die Wirtin'! Sie ist wie für dich gemacht."

muss man die Welt als Herberge preisen, die eine Mischung aus einem Sack...

...voll Traurigkeit und Freude ist...

Noch viel bekannter aber blieb bis heute ihr Lied, das wir noch 40 Jahre später gemeinsam aufführen sollten.

Ofra Rechter
Channa Marons Tochter,
Philosophin

1957 lernte Mutter unseren Vater kennen.

Ein wachsendes Zuhause

Amnon Rechter
Channa Marons Sohn,
Architekt

Der 10. Februar 1970 war vermutlich der schlimmste Einschnitt im Leben meiner Mutter.

Der Anschlag

Es dauerte mehr als drei Monate, bis wir unsere Eltern endlich in Tel Aviv wiedersahen.

Uri Ofer
Geschäftsführer des Cameri
von 1967 bis 1986

Nach dem Anschlag kam nur noch Yaakov an Channa heran.

Medea

Channa war mehr als 35 Jahre Teil des Cameri-Theaters. 1980 sollte sie das feste Ensemble verlassen, um sich an neuen Projekten zu probieren.

> 1995 sah ich Channa Maron im Wuppertaler Schauspielhaus als Hekuba in „Die Troerinnen". Das ZDF beauftragte mich mit einem Film über sie.

Anne Linsel
Dokumentarfilmerin
und Journalistin

Ein Kampf für den Frieden

Wuppertal, 1995

"Kommt, Füße! Abschied nehmen!"

"Hinter mir brennt meine Stadt..."

"...zu nichts."

Diese Tragödie von Euripides ist ein radikales Antikriegsstück. Die Premiere fand am 8. Mai 1995 statt...

... dem 50. Jahrestag des Kriegsendes und des Siegs über Nazi-Deutschland.

Ich hatte Angebote in Deutschland immer abgelehnt. Ich wollte weder der deutschen Sprache, noch dem deutschen Publikum begegnen.

Doch nun in den ‚Troerinnen' zu spielen – an diesem besonderen Datum – schien mir ein Angebot zu sein, das ich nicht ablehnen konnte...

... und vielleicht konnte meine Hekuba eine Mahnung sein, dass das, was geschehen ist, nie wieder geschehen darf.

An diesem Tag wurde überall in Deutschland der Opfer des Holocausts gedacht.

Klack Klack

Doch am selben Tag wurde von unbekannten Tätern in Lübeck ein Brandanschlag auf eine Synagoge ausgeübt.

Zweifellos sind das vereinzelte Vorfälle. Aber ebenso zweifellos ist, dass der Kampf weitergehen muss.

Als Schauspielerin und als Israelin war es interessant und wichtig, hier zu sein.

Als Schauspielerin und Israelin kann ich es nicht erwarten, nach Haus zu kommen.

Channa hat darüber nie mit mir gesprochen. Erst Jahre später las ich diesen Artikel, den sie damals für eine Tageszeitung aus Tel Aviv geschrieben hatte.

Für meinen Film fuhren wir nach Berlin, dem Ort ihrer Kindheit und ihrer Flucht vor den Nazis 1933. Wir sahen uns auch die Mauerreste an.

Den Mauerfall haben wir im TV gesehen.

Wir haben alle geweint. Vor Aufregung und Mitgefühl. Trotz allem, trotz Deutschland... In Momenten wie diesen vergisst man alles.

Was ist „Grenze"?

Es ist überall dasselbe. Auch bei uns in Israel ist das sehr kompliziert. Mit den Arabern, mit den Israelis.

Wir wurden gute Freundinnen...

... und ein paar Monate später besuchte ich sie in Tel Aviv.

Immer wieder war Israel im Krieg, hat gekämpft.

Jetzt kämpfen wir für den Frieden.

Wir müssen unbedingt Frieden machen.

Sie mischte sich immer ins politische Leben ein. Als Wahlhelferin für die Arbeitspartei, als Rednerin gegen den Libanonkrieg.

Der Gedanke, die Golanhöhen zurückzugeben...

... lässt mir die Haare zu Berge stehen.

„Wie kann man Menschen darstellen, wenn man die Menschen nicht kennt?" Sie zeigte mir das Land.

Aber es muss sein. Für den Frieden lohnt es sich.

Dieses „Großisrael" hat uns nicht gutgetan.

Die Besetzung Palästinas wird unser Untergang sein.

„Vor zwei Jahren trafen wir, einige israelische Frauen...

... in Brüssel auf eine Gruppe von Palästinenserinnen.

Die Konferenz fand zur Zeit der ersten palästinensischen Intifada statt.

Es war sehr, sehr schwer.

Stoppt den Terror!

Stoppt die Besetzung!

Nein zum Transfer!

Der Hass war, als würde man ein Geschwür aufschneiden.

Wir leiden alle unter der Besetzung!

Es kam Eiter heraus.

Doch dann, langsam...

Kaffee?

... lernten wir uns kennen.

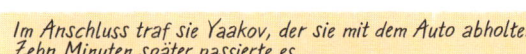

Oh, ich erinnere mich noch, als einmal die berühmte Schwebebahn vorbeifuhr, und wie sie nach oben winkte – wie eine Königin...

Alma Rechter
Channa Marons Enkelin

Meine Großmutter war alt, aber jung im Geiste.
Sie hatte tausende Geschichten auf Lager!

Die Eulen

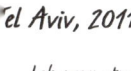

OFRA RECHTER
Philosophin, Channa Marons Tochter

„Der Wunder gibt es viele"

Auszüge aus einem Interview, Mai 2016

Das, was meine Mutter mit deutscher Kultur und ihrer deutschen Herkunft verbindet, hat sich den konventionellen, in Israel üblichen Kategorien schon immer entzogen. Meine Mutter war keine Jeckete. Sie war keine Holocaust-Überlebende. Auch hat sie ihre Kindheit nicht in den klaren Strukturen der jüdischen Gemeinde in Berlin verlebt.

Indem es sich auf aktuelle Studien konzentriert, gelingt es diesem Ausstellungs- und Buchprojekt, sich von schablonenhaften Rastern und Voreingenommenheiten hinsichtlich der kulturellen Bedeutung meiner Mutter zu lösen.

In Israel ist meine Mutter als First Lady des israelischen Theaters bekannt; ihre Erfahrungen als Kind im Berlin vor 1933 und ihre außergewöhnlichen Leistungen im Theater, Rundfunk und Film der Weimarer Republik finden kaum Würdigung. Sieht man von dem kurzzeitigen Interesse ab, das ihr als Opfer eines terroristischen Anschlags im Februar 1970 in München zuteil wurde, ist meine Mutter in Deutschland seit ihren Beiträgen zur darstellenden Kunst in den späten Zwanziger-, frühen Dreißigerjahren gänzlich aus dem öffentlichen Bewusstsein verschwunden. Mit diesem Projekt wird nun ein erster Versuch unternommen, die israelische und die deutsche Perspektive einander nahezubringen und somit die Lücken im Gesamtbild zu schließen – indem man zwei Künstler und deren Werk zusammenführt.

Barbara Yelins Arbeit webt ein dichtes Netz. Sie führt die von ihr interviewten Menschen (die Erzähler der unterschiedlichen Kapitel) als fiktionale Figuren ein, denen sie auf einer zweiten Ebene fiktionale Figuren, die der Biografie meiner Mutter entstammen, hinzufügt. Sie transportieren die Handlung. Und schließlich ist die Protagonistin von Yelins Geschichte, das Subjekt der biografischen Quellen, ihrerseits ebenfalls Erzählerin.

Trotz des Vorhandenseins von Text, ist das gewählte Medium stumm, doch zeichnet Yelin die Wirkung von Stimmen nach. Für mich liegt darin eine große Kraft, nicht zuletzt, weil es die verführerische Beschränktheit der Erzählung überwindet und die Neugier und das Interesse des Betrachters zu fesseln vermag.

David Polonskys Arbeit ist zwischen den Genres des Plakats und des Wandgemäldes angesiedelt. Im Rahmen dieses Projektes sind die von ihm entwickelten künstlerischen Mittel nicht minder elliptisch als die Yelins. Für mich liegt der augenfälligste Unterschied zwischen den beiden darin, dass Polonsky auf den für eine Erzählung erforderlichen zeitlichen Zusammenhalt verzichtet. Seine Arbeit sucht nach einem reflektiven Zusammenhalt, der sich – wie Porträt und theatrale Verkörperung – selbst hinterfragt.
Polonskys chronologisch angeordnete Porträts von Figuren, deren Rolle meine Mutter gespielt hat, werden anhand symbolischer Details oder eindeutig zuordenbaren historischen Hintergrunds in ihren Kontext gesetzt. Das Werk kreist wiederholt und ganz konkret um das ihr Leben bestimmende, reflektive Problem: Wie kann sie Schauspielerin und Individuum zugleich sein?

Ich hoffe, dieses Projekt wird dazu beitragen, das Interesse von Studenten der Bühnenkünste an dramatischer Literatur und den Traditionen des Theaters zu befördern, und seinen Lesern die Augen dafür öffnen, wie Lyrik der Taktgeber eines Menschen sein kann, der mit dem Chor des Sophokles ausruft: „Der Wunder gibt es viele, der Wunder größtes jedoch ist der Mensch ... der Götter höchste dann, die unermüdliche Erde."

Angesichts der Schönheit dieser Welt, der Macht von Liebe und Weisheit, angesichts der Schlichtheit des Lebens und guter Vorsätze innerhalb der Grenzen des Machbaren, sollten wir nach Kräften neue Wege suchen, um Gewalt, Brutalität und Unwissen zu bekämpfen.

David Polonsky

1931 Die achtjährige Channa (Hannele) spielt die zentrale Rolle in der Eröffnungsszene von Fritz Langs düsterem Meisterwerk „M – eine Stadt sucht einen Mörder", die Schlimmes ahnen lässt. Es ist ihre Stimme, die bei dieser filmischen Verfolgungsjagd auf einen Kindermörder als erste zu hören ist.

In Deutschland erhält die Nationalsozialistische Partei starken Zulauf. Zwei Jahre später gelangt sie an die Macht.

1944 „Alle Wege führen nach Rom", singt Channa, Soldatin in der jüdischen Brigade der britischen Armee. Zu Kriegszeiten war das Lied eine Hymne der Hoffnung.

Das Ensemble tritt in ganz Europa und auch vor Überlebenden der Konzentrationslager auf.

1948   Das Tel Aviver Cameri-Theater führt „Er ging in die Felder" auf. Das Stück erzählt die tragische Liebesgeschichte zwischen Uri, einem Palmach-Kämpfer, und Mika, einem Einwanderermädchen, das von Channa gespielt wird.

Nach der israelischen Unabhängigkeitserklärung bricht der Krieg zwischen dem neuen Staat und seinen arabischen Nachbarn aus. Der Sieg, den viele junge Menschen mit dem Leben bezahlten, führt zur Flucht und Ausweisung Hunderttausender palästinensischer Araber aus den Gebieten des neuen jüdischen Staates.

1952 In Tennessee Williams' „Die Glasmenagerie" tritt Channa in der Rolle von Laura auf. Das introvertierte Mädchen entflieht dem grauen Stadtalltag ihrer Familie und sucht in einer Fantasiewelt Zuflucht.

Der junge Staat Israel befindet sich im Aufbau. Ganze Städte werden innerhalb weniger Jahre errichtet, in denen sich Hunderttausende Neueinwanderer niederlassen.

1968   In dem komischen Musical „Hallo, Dolly!" spielt Channa eine jüdische Heiratsvermittlerin in New York zu Beginn des 20. Jahrhunderts.

Nachdem Israel den Sechstagekrieg gewonnen hat, ist das Land euphorisch. Nationalstolz mischt sich mit den ersten Anzeichen einer Blumenkinder-Revolution.

1971 In der griechischen Tragödie „Medea", die von der fürchterlichen Rache einer betrogenen Ehefrau erzählt, spielt Channa die Hauptrolle.

Während der Proben bewirbt sich Channa für eine andere Rolle und fliegt zu einem Vorstellungsgespräch nach London. Bei der Zwischenlandung in München werden die Passagiere von palästinensischen Terroristen angegriffen. Channa wird schwer verletzt, ihr linkes Bein muss daraufhin amputiert werden. Als die „Medea" schließlich auf die Bühne gelangt, tritt Channa mit Beinprothese auf. Neben ihrer Theaterarbeit engagiert sie sich seitdem als Friedensaktivistin für eine israelisch-palästinensische Koexistenz.

1977   Channa ist die Heldin des Films „Tante Klara", der auf humorvolle Weise von einer gutbürgerlichen, polnischen Durchschnittsfamilie erzählt.

In Israel findet ein dramatischer Regierungswechsel statt. Die Rechte hat sich auf die Seite der aus arabischen Ländern stammenden Juden geschlagen und unterstützt deren Proteste gegen die Diskriminierung durch das alte, europäischstämmige Establishment. Erstmals seit Staatsgründung gewinnt sie die Wahlen.

1982 In „Verwandte Nachbarn" spielt Channa eine exzentrische Tante gleichen Namens. Die TV-Komödie im Ersten Kanal, damals noch Israels einziger Sender, ist außerst popular.

Die Nachrichten im Ersten sind das Fenster, durch das die Israelis den Krieg an der Nordgrenze des Landes mitverfolgen, der zu einem militärischen Desaster wird, das sich bis ins Jahr 2000 hinzieht.

1990 „Leihgebärmutter" ist ein auf biblischen Motiven basierendes Familiendrama. In der Rolle von Sarah kämpft Channa gegen die Zeit und ihre Folgen.

Israels erster kommerzieller Fernsehsender beginnt seine Ausstrahlungen. Damit verliert der staatliche Sender des Landes seine Monopolstellung. Scharenweise laufen ihm die Zuschauer davon, um sich die sensationsheischenden Gästerunden des neuen Anbieters anzusehen.

2011 Bobbe Globchik ist Channas letzte Bühnenrolle. Die Protagonisten von Hanoch Levins „Die Kofferpacker" leben stark vereinsamt in Israel. Im Laufe der Zeit sterben sie oder verlassen das Land.

ANNE LINSEL
Journalistin und Dokumentarfilmerin

„Ich hatte sehr schöne Beine"

Eine Erinnerung

Channa Maron ca. 1984

Diesen Schrei werde ich nie vergessen: „Oh Gott, hilf!" Es war Channa Maron, die große alte Dame des israelischen Theaters, die auf der Bühne des Wuppertaler Schauspielhauses saß, den toten Enkel im Arm, und, halb wahnsinnig vor Trauer, in der Rolle der Hekuba das Töten, die Toten, den Krieg beweinte. Der damalige Wuppertaler Generalintendant Holk Freytag hatte die Maron für das Antikriegsstück „Die Troerinnen" von Euripides zum 50. Jahrestag der Beendigung des Zweiten Weltkrieges 1995 verpflichtet. Eine eindrückliche Inszenierung, auch, weil Channa Maron dabei war. Denn bei ihr gehen Kunst und Leben – besonders in diesem Stück – in einer seltenen Weise zusammen.

Als wir uns zum ersten Mal in der Kantine des Wuppertaler Schauspielhauses begegneten, war es Sympathie auf den ersten Blick. Die großen Augen, die raue Stimme, das Lachen: Von Channa Maron ging eine Wärme aus, die mich sofort faszinierte. Es war der Beginn einer Freundschaft, die für mich eine Schule des Lebens werden sollte.

Wir trafen uns nach Proben und außerhalb des Theaters, sie erzählte ihr Leben, das alle Merkmale einer antiken Tragödie hatte. Als kluge Frau und gute Schauspielerin wusste Channa Maron, dass Tragik und Komik zusammengehören. So erzählte sie auf ihre Art, unsentimental und immer mit ihrem eigenen, wunderbaren Humor. Ich erfuhr von dem palästinensischen Attentat 1970 auf dem Münchener Flughafen, bei dem sie ihr linkes Bein verlor. Channa Maron war auf dem Flug nach London, wo sie für das Musical „Anatevka" vorsprechen sollte. Zwischenstopp in München: „Der junge Attentäter, der mir gegenüber stand, hatte schöne blaue Augen"… Ein Jahr später stand sie als Medea wieder in Tel Aviv auf der Bühne.

Das ZDF bewilligte meine Idee eines Films über Channa Maron sofort. Sein programmatischer Titel: „Shalom heißt Frieden". Denn Channa Maron war nicht nur eine große Schauspielerin, sondern sie engagierte sich auch in der Friedensbewegung. Ein Künstler, so ihre Überzeugung, müsse auch Bürger sein und sich politisch einmischen. Das tat sie nach dem Münchener Attentat noch intensiver. „Frieden muss man mit dem Feind machen." Da müsse man zum Beispiel um des Friedens willen die Golanhöhen zurückgeben, so schmerzhaft das sei. Man müsse erkennen, dass Terror in gewisser Weise auch ein Hilferuf sei, und danach handeln. Für sie hieß das bis zuletzt: Eintreten für eine Zweistaatenlösung.

Es gab viele bewegende und berührende Momente während der Dreharbeiten. In Wuppertal, unweit des Schauspielhauses, stand sie an der Wupperbrücke, die Schwebebahn näherte sich, und plötzlich lachte ein Hannele mit großen Kinderaugen und winkte nach oben.

Dann die Drehreise in ihre Geburtsstadt Berlin. Christo hatte gerade den Reichstag verhüllt – das interessierte vor allem Yaakov Rechter, ihren Ehemann, Vater der drei Kinder, ein namhafter Architekt in Israel. Er begleitete uns. Am ersten Drehtag konnte Channa Maron zunächst kaum sprechen, kämpfte mit ihren Gefühlen und sagte nur leise: „Hannele in Berlin"… Später dann kamen die Erinnerungen an ihre Kindheit, ihr schönes, aber auch einsames Leben als Kinderstar. Und die Erkenntnis: „Ich bin in Berlin geboren, aber Israel ist meine Heimat." In Berlin habe sie existiert, in Israel angefangen zu leben.

In Israel erlebte ich die Verehrung und Liebe ihrer Landsleute zu „ihrer Channa", im Theater, auf der Straße, auf dem Markt. Jeder kannte sie, immer wieder wurde sie angesprochen, die Menschen erkundigten sich nach ihrem Befinden, erzählten ihr persönliche Dinge des Lebens, des Alltags oder fragten sie um Rat. Channa Maron war eine Institution in ihrem Land. So formulierte es auch Shimon Peres, der Freund. Einmal kam ich nach einem Besuch bei ihr sehr spät zum Flughafen in Tel Aviv. Ich wusste, dass die obligatorische Sicherheitsbefragung lange dauert. Also musste ich damit rechnen, dass der Flieger ohne mich abhebt. „Ich habe Channa Maron besucht." Ein kurzes Lächeln, eine kurze Befragung des Sicherheitsbeamten – dann wurde ich schnell zum wartenden Flugzeug gebracht.

Ihr erster, kurzzeitiger Ehemann (von 1945 bis 1951) und langjähriger Bühnenpartner Yossi Yadin erzählte, mit seinen Tränen kämpfend, dass er sofort nach dem Attentat nach München geflogen sei. Er habe das Krankenzimmer betreten und Channa habe ihn mit dem Satz begrüßt: „Yossi, was hast du für einen schönen Anzug an."

Jeden Freitag zu Beginn des Sabbats kam die ganze Familie in ihrem Haus in der Nähe von Tel Aviv zusammen, Kinder, Nichten, Neffen, manchmal ein Gast, zum Beispiel der amerikanische Stararchitekt Frank Gehry, Freund und Kollege von Yaakov Rechter. Fröhlich, laut und lebendig ging es zu und man spürte die liebende Verbundenheit zwischen den Generationen.
Von der Familie habe sie sehr viel Stärke und Liebe bekommen, sie sei ihr großes Glück, sagte Channa Maron

damals. „Es gibt nichts Schöneres auf der Welt, als Mutter zu sein." Es sei „ganz großer Quatsch", dass Karriere und Kinder unvereinbar seien. „Wir Frauen sind das starke Geschlecht, wir können alles." Männer seien da zu schwach. Manchmal müsse man eben auf etwas verzichten, auf eine Einladung nach Amerika etwa oder anderswohin. Sie habe außerdem nach jeder Geburt ein bis zwei Jahre aufgehört, Theater zu spielen, aber nie Angst gehabt, dass sie nicht wieder in ihren geliebten Beruf zurückkehren könne. „Ich bin immer noch furchtbar glücklich, wenn ich auf der Bühne stehe. Aber ich fühle mich genauso wohl, wenn die alle hier freitags zum Kaffee kommen."

Im Habimah-Theater sahen wir alte Fotos mit der jungen Channa in fast allen großen Rollen der Weltliteratur an. Kein wehmütiger Blick oder Ton, nein, sie lebe nicht in Nostalgie. „Ich finde, dass ich sehr hübsch war und dass ich gute Arbeit gemacht habe." Ja, diese Channa Maron war eine gute Schauspielerin. Das erfreue sie. Dann der Fingerzeig auf ihre Beine: „Ich hatte sehr schöne Beine", sagte sie leise, lächelte, und mit einem „na ja", wischte sie alle aufkommende Rührung weg.

Und wie sie flirten konnte! Fröhlich und mit Augenzwinkern, nie peinlich. Ob mit meinem Kameramann oder dem jungen Studenten, der sie, den Gast auf einer Berlinale, mit einem eigens für sie gemieteten Auto in Berlin chauffierte.

Am Ende des Films blickt Channa Maron auf das Meer. Ihr Leben sei „mal oben und mal unten" gewesen. „Aber das ist LEBEN!", ruft sie aus. „Ich bin immer dabei. Ich verstecke mich nicht." Sonst wäre es doch schrecklich langweilig. „Ja, ich bin ein glücklicher Mensch."

Ihr großer Wunsch, Frieden mit den Palästinensern zu erleben, ging nicht in Erfüllung. Der Mord an Yitzhak Rabin im November 1995 erschütterte sie – „dass der Attentäter einer von uns war." Unter der heutigen Regierung litt sie. Die Rechtsextremen in ihrem Land hasste sie.

Bis zuletzt hat sie auf der Bühne gestanden. Im Guinness-Buch der Rekorde steht sie als „dienstälteste Schauspielerin der Welt". Das fand sie „lustig".

Channa Maron, „die Königin des Theaters", ist am 30. Mai 2014 neunzigjährig in Tel Aviv gestorben. Sie wurde neben ihrem Mann Yaakov Rechter begraben, so, wie sie es verfügt hatte, ohne „religiöses Brimborium". Auf ihrem Grabstein steht „Sahkanit" – Schauspielerin.

ca. 1930
Hanne'le in Berlin.

Channa Maron: Eine Schauspielkarriere

Theater 1928-1933

1928 **Daumesdick** von den Brüdern Grimm. Regie: Renée Stobrawa. Titelrolle. Kleines Theater, Berlin.

1928 **Das tapfere Schneiderlein** von Josef Steck nach den Brüdern Grimm. Rolle: Der Schutzengel. Kleines Theater.

1929 **Gabriel der Erzengel**. Titelrolle. Berlin.

1929 **Hausbübchens Weihnachtsfahrt** von Else und Horst Berner. Titelrolle. Kleines Theater.

1930 **Rotkäppchen und der Wolf** von Franz Sondinger (auch bekannt als Felix Dhünen). Titelrolle. Theater in der Klosterstraße, Berlin.

Als Gabriel in Gabriel der Erzengel.
1929, Berlin

1930 **Die Weber** von Gerhart Hauptmann. Rolle: Mielchen. Volksbühne Berlin, Berlin.

1930 **Peterchens Mondfahrt** von Gerdt von Bassewitz. Titelrolle. Rose-Theater, Berlin.

1931 **Das Wintermärchen** von William Shakespeare. Rolle: Prinz Mamilius. Volksbühne Berlin.

1931 **Das schwache Geschlecht** von Édouard Bourdet. Regie: Max Reinhardt. Rolle: Pepita. Theater am Kurfürstendamm, Berlin.

1931 **Pünktchen und Anton** von Erich Kästner. Regie: Gottfried Reinhardt. Rolle: Luise, genannt Pünktchen. Deutsches Theater, Berlin.

1932 **Kampf um Kolbenau** von Gerhart Pohl. Rolle: Marie, genannt Mieke. Komödienhaus am Schiffbauerdamm, Berlin.

1932 **Fuhrmann Henschel** von Gerhart Hauptmann. Rolle: Bertha. Volksbühne Berlin.

1932 **Rotkäppchen** nach den Brüdern Grimm. Regie: Renée Stobrawa. Titelrolle. Das Kinder-Theater, Berlin.

1932 **Mit dir allein auf einer einsamen Insel**, Operette in 3 Akten von Arthur Rebner. Musik: Ralph Benatzky. Rolle: Mädchen. Metropol-Theater, Berlin.

1932 **Rosinchens wunderbare Reise** von Else Hinzelmann und Hugo F. Königsgarten. Regie: Felix Weisberger. Großes Schauspielhaus, Berlin.

1933 **Hoheit tanzt Walzer** von Leo Ascher. Libretto: Julius Brammer und Alfred Grünwald. Regie: Paul Rose. Rolle: Prinzessin Crescentia Luise. Rose-Theater.

Film 1928-1933

1929 **Ehe in Not**. Regie: Richard Oswald.

1929 **Meineid – Ein Paragraph, der Menschen tötet**. Regie: Georg Jacoby.

1930 **Gigolo**. Regie: Emmerich Hanus.

1931 **M – Eine Stadt sucht einen Mörder**. Regie: Fritz Lang. Rolle: Mädchen, das in der Anfangsszene den Abzählreim spricht.

1932 **Das schöne Abenteuer**. Nach dem gleichnamigen Lustspiel von Gaston Arman de Caillavet, Robert de Flers, Etienne Rey. Regie: Reinhold Schünzel.

1932 **Nachtkolonne**. Regie: James Bauer. Rolle: Christel.

1933 **Heut kommt's drauf an**. Regie: Kurt Gerron.

Hörspiel 1928-1933

1932 **Bergkristall** von Max Mohr nach Adalbert Stifters gleichnamiger Novelle.

Theater ab 1935

1935 **Die Kischufmacherin** von Abraham Goldfaden. Regie: Michael Gur. Eretz-Israel Lustspielhaus.

1936 **Ballettpantomime**. Regie: Marc Lavry. Rampa-Theater.

1938 **Die Brüder Aschkenasi** von Israel Joschua Singer. Regie: Maurice Schwartz. Ohel-Theater, Tel Aviv.

1941 **Matura** von Ladislas Fodor. Regie: Zvi Friedland. Rolle: Eine Schülerin. Habimah-Theater, Tel Aviv.

1942 **Das Konzert** von Hermann Bahr. Regie: Zvi Friedland. Rolle: Claire Floderer. Habimah-Theater.

1945 **Der Diener zweier Herren** von Carlo Goldoni. Regie: Yosef Milo. Rolle: Rosina. Cameri-Theater, Tel Aviv.

1946 **Aus dem Leben der Insekten** von Josef und Karel Čapek. Regie: Yosef Milo. Rolle: Grilline. Cameri-Theater.

1946 **Charleys Tante** von Brandon Thomas. Regie: Yosef Milo. Rolle: Das Mädchen. Cameri-Theater.

1946 **Bluthochzeit** von Federico García Lorca. Regie: Yosef Milo. Rolle: Die Braut. Cameri-Theater.

1946 **Antigone** von Jean Anouilh. Regie: Yosef Milo. Rolle: Ismene. Cameri-Theater.

Als Ismene in Antigone.
1946, Cameri.

1947 **Jacobowsky und der Oberst** von Franz Werfel. Regie: Yosef Milo. Cameri-Theater.

1947 **Jean** von László Bús-Fekete. Regie: Tuvia Grinbaum. Cameri-Theater.

1947 **Lebenskünstler** von George Kaufman und Moss Hart. Regie: Yosef Milo. Cameri-Theater.

1947 **Pick-Up Girl** (etwa: *Angelachtes Mädchen*) von Elsa Shelley. Regie: Yosef Milo. Rolle: Elizabeth. Cameri-Theater.

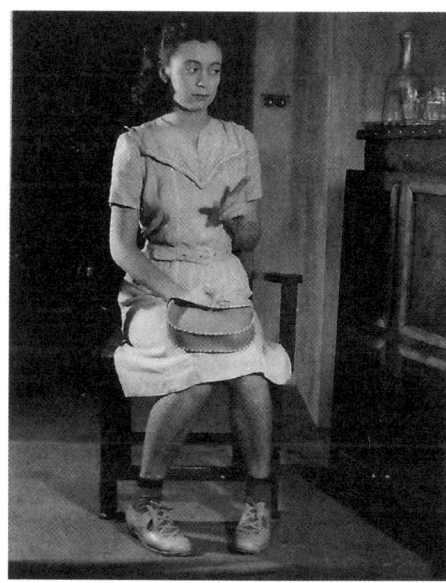

Als Elizabeth in Pick-Up Girl.
1947, Cameri.

1948 **Hu Halach Ba'Sadot** (etwa: *Er ging in die Felder*) von Mosche Schamir. Regie: Yosef Milo. Rolle: Mika. Cameri-Theater.

1948 **Der Barbier von Sevilla** von Pierre Beaumarchais. Regie: Yosef Milo. Cameri-Theater.

1949 **Die ist nicht von gestern** von Garson Kanin. Regie: Peter Frye. Rolle: Billie Dawn. Cameri-Theater.

1949 **Polovchanskie sady** (etwa: *Die Gärten von Polovchanskie*) von Leonid Leonow. Regie: Yosef Milo. Cameri-Theater.

1949 **Dear Ruth** (etwa: *Liebe Ruth*) von Norman Krasna. Regie: Yosef Milo. Cameri-Theater.

1949 **Der Schatten** von Jewgeni Schwarz. Regie: Leopold Lindtberg. Cameri-Theater.

1950 **Eden End** von John Boynton Priestley. Regie: Gershon Plotkin. Cameri-Theater.

1950 **Fröhliche Geister** von Noël Coward. Regie: Hanan Simtai. Cameri-Theater.

1950 **Tartuffe oder Der Betrüger** von Molière. Regie: Yosef Milo. Rolle: Dorine. Cameri-Theater.

1951 **Hôtel du Commerce** von Fritz Hochwälder. Regie: Gershon Plotkin. Cameri-Theater.

1951 **Die Königin von Saba** von Sammy Gronemann. Regie: Gershon Plotkin. Titelrolle. Cameri-Theater.

1952 **Puebla de las Mujeres** (etwa: *Das Dorf der Frauen*) von Serafín und Joaquín Quintero. Regie: Gershon Plotkin. Cameri-Theater.

1952 **Die Glasmenagerie** von Tennessee Williams. Regie: Tuvia Grinbaum. Rolle: Laura. Cameri-Theater.

Als Billie Dawn in Die ist nicht von gestern.
1949, Cameri.

1953 **Gier unter Ulmen** von Eugene O'Neill. Regie: Peter Frye. Cameri-Theater.

1953 **Meine Schwester Ellen** von Joseph A. Fields und Jerome Chodorov. Regie: Shmuel Bunim. Rolle: Ellen. Cameri-Theater.

1954 **Der Mann, der zum Essen kam** von George Kaufman und Moss Hart. Regie: Hy Kalus. Cameri-Theater.

In Eden End.
1950, Cameri.

1954 **Pygmalion** von George Bernard Shaw. Regie: Gershon Plotkin. Rolle: Eliza Doolittle. Cameri-Theater.

1955 **Wie es euch gefällt** von Willam Shakespeare. Regie: Yosef Milo. Rolle: Ganimed/Rosalind. Cameri-Theater.

1955 **Ba'alat Ha'Armon** (etwa: *Die Schlossherrin*) von Leah Goldberg. Regie: Gershon Plotkin. Rolle: Lena. Cameri-Theater.

Als Elisabeth in Maria Stuart.
1961, Cameri.

1956 **Krieg der Söhne des Lichts** von Mosche Schamir. Regie: Gershon Plotkin. Rolle: Königin Salome Alexandra. Cameri-Theater.

1956 **Hu Halach Ba'Sadot** (etwa: *Er ging in die Felder*) von Mosche Schamir. Regie: Yosef Milo. Rolle: Mika. Cameri-Theater und Internationales Theaterfestival Paris 1956.

1957 **Das träumende Mädchen** von Elmer Rice. Regie: Yosef Milo. Cameri-Theater.

1957 **Don Juan in der Hölle** von George Bernard Shaw. Regie: Gershon Plotkin. Cameri-Theater.

1959 **Nora oder Ein Puppenheim** von Henrik Ibsen. Regie: Kurt Hirschfeld. Rolle: Nora. Cameri-Theater.

1959 **Was ihr wollt** von William Shakespeare. Regie: Shmuel Bunim. Rolle: Maria. Cameri-Theater.

1960 **General Quixotte oder Der verliebte Reaktionär** von Jean Anouilh. Regie: Gershon Plotkin. Cameri-Theater.

1961 **Maria Stuart** von Friedrich Schiller. Regie: Gershon Plotkin. Rolle: Königin Elisabeth. Cameri-Theater.

1962 **Der Mann des Schicksals** von George Bernard Shaw & **Gutenachtgeschichte** von Seán O'Casey. Regie: Asseo Avraham. Cameri-Theater.

Als Hedda Gabler in Hedda Gabler.
1966, Cameri.

1962 **Pundak Ha'Ruchot** (etwa: *Gasthaus der Geister*) von Nathan Alterman. Regie: Gershon Plotkin. Rolle: Die Wirtin. Cameri-Theater.

1963 **Viel Lärm um nichts** von William Shakespeare. Regie: Leonard Steckel. Rolle: Beatrice. Cameri-Theater.

1963 **Die Millionärin** von George Bernard Shaw. Regie: Shmuel Bunim. Rolle: Epifania. Cameri-Theater.

1966 **Hedda Gabler** von Henrik Ibsen. Regie: Leonard Sakh. Titelrolle. Cameri-Theater.

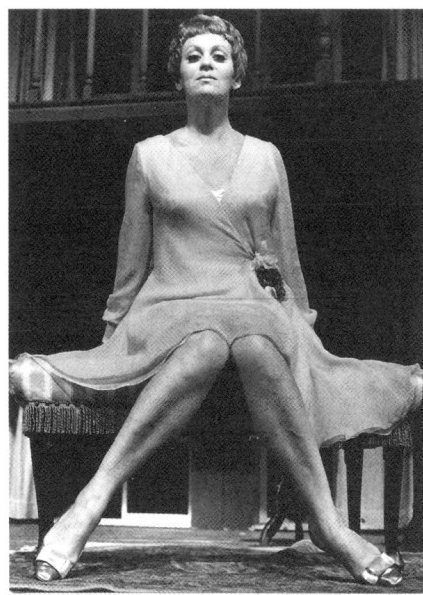

In Heuschnupfen.
1967, Cameri.

1967 **Heuschnupfen** von Noël Coward. Regie: Leonard Sakh. Cameri-Theater.

1968 **Hallo, Dolly!** von Jerry Herman und Michael Stewart. Regie: Crandall Diehl. Rolle: Dolly. Giora-Godik-Theater, Tel Aviv.

1971 **Medea** von Seneca. Regie: Yossi Yizraeli. Titelrolle. Cameri-Theater.

1972 **Die Wirkung von Gammastrahlen auf Ringelblumen** von Paul Zindel. Regie: Hilel Ne'Eman. Cameri-Theater.

1974 **Die Möwe** von Anton Tschechow. Regie: Leopold Lindtberg. Rolle: Irina Arkadina. Cameri-Theater.

Als Medea in Medea.
1971, Cameri.

1974 **Frohe Feste** von Alan Ayckbourn. Regie: Sam Walters. Cameri-Theater.

1975 **Ein leichter Schmerz** von Harold Pinter. Regie: Peter James. Cameri-Theater.

1976 **Alle meine Söhne** von Arthur Miller. Regie: Hy Kalus. Rolle: Kate. Cameri-Theater.

1977 **Jenny oder Die Jugend des Alters** von Donald Wilde. Regie: Hy Kalus. Titelrolle. Cameri-Theater.

Als Irina Arkadina in Die Möwe.
1974, Cameri.

1981 **Gvirti Ha'Shofetet** (etwa: *Ein ehrenwerter Richter*) von Goren Agmon (auch Regie). Tzavta-Theater, Tel Aviv.

1981 **Maria Stuart** von Friedrich Schiller. Regie: Holk Freytag. Rolle: Königin Elisabeth. Habimah-Theater.

1983 **Passion Play** von Peter Nichols. Regie: Nancy Diuguid. Habimah-Theater.

1985 **Glückliche Tage** von Samuel Beckett. Regie: Michal Guvrin. Rolle: Winnie. Cameri-Theater.

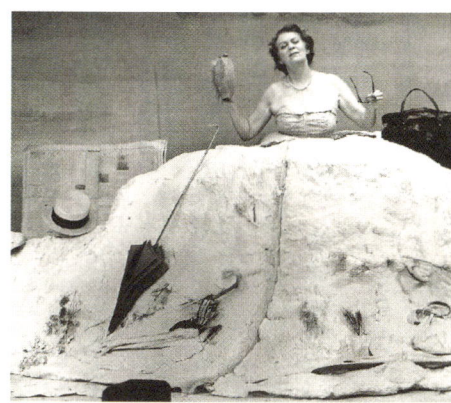

Als Winnie in Glückliche Tage.
1985, Cameri.

1986 **Remembrance** (etwa: *Gedenken*) von Graham Reid. Regie: Helena Kaut-Howson. Rolle: Teresa. Cameri-Theater.

1988 **NaHag, Tsayeret** (etwa: *Fahrer, Maler*) von Hillel Mittelpunkt (auch Regie). Rolle: Mira. Be'er-Sheva-Theater, Be'er Sheva.

1989 **Gespenster** von Henrik Ibsen. Regie: Mike Alfreds. Rolle: Helene Alving. Be'er-Sheva-Theater.

1990 **Rechem Pundaki** (etwa: *Leihgebärmutter*) von Shulamit Lapid. Regie: Ilan Ronen. Rolle: Sarah. Cameri-Theater.

1992 **Gin Rommé** von Donald L. Coburn. Regie: Hy Kalus. Rolle: Fonsia Dorsey. Stadttheater Haifa, Haifa.

1993 **Bunbury oder Ernst sein ist alles** von Oscar Wilde. Regie: Roger Smith. Rolle: Lady Augusta Bracknell. The Library.

1994 **Mischas Party** von Richard Nelson und Alexander Gelman. Regie: Amit Gazit. Rolle: Maria. Beit-Lessin-Theater, Tel Aviv.

1995 **Die Troerinnen** von Euripides. Regie: Holk Freytag. Rolle: Hekuba. Schauspielhaus Wuppertal, Wuppertal.

1996 **Quai West** von Bernard-Marie Koltès. Regie: Gadi Roll. Be'er-Sheva-Theater.

2000 **Die Glasmenagerie** von Tennessee Williams. Regie: Gadi Inbar. Rolle: Amanda. Be'er-Sheva-Theater.

2001 **Frau Klein** von Nicholas Wright. Regie: Gedalia Besser. Titelrolle. Herzliya Ensemble-Theater.

2004 **Mishpat Ha'Sarbanim** (etwa: *Der Prozess der Wehrdienstverweigerer*), dokumentarisches Lesetheater von Igal Azarati (auch Regie). Tzavta-Theater.

2004 **Tante und ich** von Morris Panych. Regie: Roni Pinkovich. Rolle: Tante Grace. Cameri-Theater.

2011 **Orzei Mizvadot** (etwa: *Die Kofferpacker*) von Hanoch Levin. Regie: Udi-Ben Moshe. Rolle: Bobbe Globchik. Cameri-Theater.

Als Bobbe Globchik in Orzei Mizvadot.
2011, Cameri.

Film ab 1954

1954 **Even Al Kol Mil** (etwa: *Ein steiniger Weg*). Regie: Leopold Lahola.

1977 **Doda Clara** (etwa: *Tante Klara*). Regie: Avraham Heffner.

1981 **Die Beute des Geiers**. Regie: Yaky Yosha.

1982 **Kvish L'Lo Motzah** (etwa: *Sackgasse*). Regie: Yaky Yosha.

1991 **Zman Emet (HaMilKhama She'acharei)** (etwa: *Echtzeit [nach dem Kriege]*). Regie: Uri Barbash.

1998 **Tag für Tag**. Regie: Amos Gitai.

2008 **Sof Shavua be-Galil** (etwa: *Ein Wochenende in Galiläa*). Regie: Moshé Mizrahi.

Fernsehen

1982–1985 **Krovim Krovim** (etwa: *Verwandte Nachbarn*), Fernsehserie. Regie: Yitzchak Shauli.

2005 **Krovim Krovim – The Reunion**, Fernsehfilm. Regie: Yitzchak Shauli.

2006 **Ha'Shir Shelanoo** (etwa: *Unser Lied*), Fernsehserie. Regie: Shirley Stern und Yoav Tzafir.

In Krovim Krovim.
2005.

Über die Autoren

**Barbara Yelin & David Polonsky
bei Reprodukt**
„Vor allem eins: Dir selbst sei treu.
Die Schauspielerin Channa Maron"

Barbara Yelin bei Reprodukt
„Gift" (mit Peer Meter)
„Riekes Notizen"
„Irmina"

David Polonsky bei Atrium
„Waltz with Bashir" (mit Ari Folman)
„Das Sparschwein" (mit Etgar Keret)

David Polonsky bei Fischer KJB
„Eine mondlose Nacht" (mit Shira Geffen)

BARBARA YELIN, geboren 1977 in München, ist als Comiczeichnerin zunächst in Frankreich in Erscheinung getreten, ehe ihre erste deutsche Buchveröffentlichung „Gift" (nach einem Szenario von Peer Meter) sie 2010 auch hierzulande bekannt machte. 2014 legte Barbara Yelin mit „Irmina" die individuelle und doch exemplarische Geschichte einer Mitläuferin in Nazi-Deutschland vor. „Irmina" wurde in mehrere Sprachen übertragen und vielfach ausgezeichnet. Gemeinsam mit dem Autor Thomas von Steinaecker entstand zuletzt der Webcomic „Der Sommer ihres Lebens" für das Onlinemagazin Hundertvierzehn. Barbara Yelin veröffentlicht regelmäßig Comics im Berliner Tagesspiegel und gibt Workshops auf der ganzen Welt. 2015 erhielt sie den Bayerischen Kunstförderpreis, 2016 wurde sie beim Internationalen Comic-Salon Erlangen als „Beste deutschsprachige Comickünstlerin" ausgezeichnet.
barbarayelin.de

DAVID POLONSKY, geboren 1973 in Kiew, ist als Illustrator für die führenden israelischen Zeitungen sowie die New York Times tätig. Er hat zahlreiche preisgekrönte Kinderbücher illustriert, die in mehrere Sprachen übertragen wurden. Weltbekannt wurde David Polonsky durch den dokumentarischen Animationsfilm „Waltz with Bashir" (2008), in dem der Regisseur Ari Folman seine Erfahrungen während des Libanonkriegs 1982 verarbeitet. Der Film, der 2009 einen Golden Globe Award gewann und für einen Oscar nominiert war, wurde von David Polonsky als künstlerischem Leiter visuell geprägt. In der Folge wirkte er an mehreren internationalen Animationsproduktionen mit, u. a. als Artdirector an „The Congress" (Regie: Ari Folman, 2013). David Polonsky unterrichtet Illustration an der Bezalel Academy of Art and Design in Jerusalem und der Shenkar School of Design in Tel Aviv.
dpolonsky.com

Inhalt

„Mein Leben gehört mir" – Wolf Iro   Seite 4

Channa Maron – Comic von Barbara Yelin   **Seite 7**

„Der Wunder gibt es viele" – Ofra Rechter   Seite 48

Channa Maron – Illustrationen und Texte von David Polonsky   **Seite 51**

„Ich hatte sehr schöne Beine" – Anne Linsel   Seite 72

Channa Maron, eine Schauspielkarriere   Seite 76

Über die Autoren   Seite 80

Abbildungsnachweise

Sämtliche Fotos mit freundlicher Genehmigung des Cameri-Theater-Archivs, mit Ausnahme des Fotos aus „Gabriel der Erzengel" (mit freundlicher Genehmigung von Dr. Ofra Rechter) sowie des Fotos aus „Krovim Krovim" (© Israeli Educational Television, lizenziert nach CC BY-SA 3.0)

Foto aus „Pick-Up Girl" (S. 77) – © 2016 Studio Pri-Or
Foto aus „Die ist nicht von gestern" (S. 77) – © 2016 Studio Viller
Foto aus „Eden End" (S. 77) – © 2016 Studio Viller & Studio Pri-Or
Fotos aus „Hedda Gabler" (S. 78), „Heuschnupfen" (S. 78), „Medea" (S. 78), „Die Möwe" (S. 78), „Glückliche Tage" (S. 79) – © 2016 by Studio Haramati
Foto aus „Orzei Mizvadot" (S. 79) – © 2016 by Studio Gadi Dagon

Das Titelbild sowie die Illustrationen auf den Seiten 4, 49, 73, 75 und im Vorsatzpapier stammen von Barbara Yelin.

Backcoverillustration: David Polonsky